RIENZI

OPÉRA

Représenté pour la première fois, à Paris, sur le Théâtre-Lyrique,
le 6 avril 1869.

TRESSE, ÉDITEUR

LES PREMIERS OPÉRAS

DE

RICHARD WAGNER

(Traduction de M. Ch. Nuitter)

RIENZI, opéra en cinq actes (1842), traduit par MM. Ch. Nuitter et J. Guilliaume.

LE VAISSEAU FANTOME, opéra en trois actes (1843).

LE TANNHAUSER, opéra en trois actes (1845).

LOHENGRIN, opéra en trois actes (1850).

Les livrets de ces opéras se vendent séparément cha-cun .... 1 fr. 50

IMPRIMERIE GÉNÉRALE DE CHATILLON-SUR-SEINE. — JEANNE ROBERT.

RIENZI

OPÉRA EN CINQ ACTES

DE

RICHARD WAGNER

TRADUCTION DE MM.

CH. NUITTER & JULES GUILLIAUME

PARIS

TRESSE, ÉDITEUR

8, 9, 10, 11, GALERIE DU THÉATRE-FRANÇAIS

PALAIS-ROYAL

1882

PERSONNAGES

RIENZI. . . . . MM. Monjauze.

COLONNA. . . . . Giraudet.

ORSINO. . . . . Lutz.

RAIMONDO, légat du pape . . . . Labat.

BARONCELLI . . . . Massy.

CECCO . . . . Bacquié.

ADRIANO . . . . Mmes Borghèse.

IRÈNE. . . . . Sternberg.

UN MESSAGER DE PAIX. . . . . Priola.

Peuple, Soldats, Nobles, Prêtres, etc.

A Rome, vers le milieu du XIVe siècle.

———

DANSE

Mme Zina-Mérante.

Mlles Buisson, A. Mérante,

Mmes Raoult, Fournier, Dedieu, Figuels, Millière 1re,
Millière 2o, Berthe, Testa 1re, Testa 2o, Henri, Keller, Pavillon,
Sussmann, Josset 1re, Josset 2o,

MM. F. Mérante, Leroy, Bertrand, Perrot, Zanforin,
Josset 1er, Josset 2o, Porcheron,

Maître de ballet : M. Théodore.

———

La partition et les parties d'orchestre sont la propriété de
MM. Durand, Schoenewerk et Cie, éditeurs de musique, place
de la Madeleine, 4 (Maison Flaxland).

RIENZI

ACTE PREMIER

Une rue. — Au fond, l'église de Saint-Jean de Latran. — A gauche, la maison de Rienzi. — Il fait nuit.

SCÈNE PREMIÈRE

ORSINO, Plusieurs Nobles, puis IRÈNE.

ORSINO, entrant.

Allons! amis! c'est là! courage!...
Placez l'échelle à ce balcon.

Deux des nobles placent une échelle devant la maison de Rienzi et entrent par la fenêtre ouverte.

De ma conquête, avec raison,
Chacun sera jaloux, je gage!

Les deux nobles sortent de la maison entraînant Irène.

IRÈNE.

A l'aide! à l'aide! ô ciel!

LES NOBLES.

Quel plaisir d'enlever les femmes
De ces vils plébéiens!

IRÈNE.

Infâmes!...
Ah! quel affront mortel!

ORSINO, à Irène.

Enfant! pourquoi gémir si fort?
Je veux changer ton triste sort.

IRÈNE.

Ah! laissez-moi!

LES NOBLES.

L'effroi qui fait pâlir ses traits
Ajoute encore à ses attraits!

ORSINO.

Partons vite! nous sommes prêts!

Orsino et ses partisans vont enlever Irène, quand Colonna
paraît avec une suite nombreuse.

SCÈNE II

COLONNA, Ses Partisans, puis ADRIANO,
puis Le Peuple.

COLONNA, à Orsino.

Nous sommes là! fais-nous donc place.

ORSINO.

Ah! folle audace!
Vaine menace!

LES COLONNA.

Malheur à vous.

LES ORSINO.

Rangez-vous tous!

COLONNA.

A nous la belle!

ORSINO.

Ah! sois puni.

Ils combattent.

ADRIANO, *paraissant, suivi de quelques partisans.*

Que faites-vous?

Apercevant Irène.

Ah! vite! alerte! Irène!
Dieu! qui donc l'entraîne?
Maudits! place à qui la défend!

Il s'ouvre vivement un chemin jusqu'à Irène et la défend.

COLONNA.

Elle est à toi, mon digne enfant!

ADRIANO, *à Irène.*

Compte sur moi! non! plus d'alarmes!

ORSINO.

Des femmes quel vaillant soutien!
Je saurai reprendre mon bien!

Il s'avance vers Adriano, qui défend Irène.

COLONNA, *aux siens.*

Tous frappez-les! frappez!...

TOUS.

Aux armes!...

Nouveau combat. — Une foule de peuple se précipite au milieu des combattants et les force à s'arrêter.

LE PEUPLE.

D'où vient ce bruit? ah! calmez-vous!
Soyez amis! plus de courroux!...

ORSINO.

Le fer en main!

LES COLONNA.

Non, pas de grâce !
C'est trop d'audace !...

Le peuple, armé de pierres, de bâtons, de marteaux, sépare
les nobles.

SCÈNE III

LES MÊMES, RAIMONDO, suivi de QUELQUES PRÊTRES,

puis RIENZI, BARONCELLI, CECCO.

RAIMONDO, sortant de l'église.

Mes frères ! trêve à vos combats !
La paix doit régner ici-bas.

COLONNA.

La paix ! dis-tu ! fais-nous donc place
Et laisse-nous toi-même en paix !

RAIMONDO.

Quoi ! tu me braves ?...

ORSINO.

Va, mon frère,
Lire ta messe !

RAIMONDO.

Téméraire !
Moi le légat du saint Père...

COLONNA.

Songe à te taire.

LE PEUPLE.

Ah ! quel impie !

LES NOBLES.

Allons! va-t'en! nous sommes prêts!

Violent tumulte. — Au moment où Raimondo est au milieu
de la foule, Rienzi paraît, suivi de Cecco et de Baroncelli.

RIENZI.

Silence!

Au peuple.

Eh! quoi! chacun oublie
Quel serment nous lie.

A la voix de Rienzi le peuple s'écarte aussitôt. — Les nobles
paraissent surpris de l'empire de Rienzi sur le peuple et de
la rapidité avec laquelle il a été obéi. — Aux nobles.

Par vous l'Église est avilie
Lorsque sa main vous protégeait!

Irène s'est réfugiée dans les bras de Rienzi. Il aperçoit l'échelle
qui est restée dressée contre le balcon. Il semble comprendre tout ce qui s'est passé.

Oui! rien qu'à voir votre œuvre on vous connaît!
Vous ourdissez de détestables trames
Pour nous ravir nos filles et nos femmes!
Que manque-t-il à vos forfaits infâmes?
Rome, jadis reine de l'univers,
Livrée à des pervers,
Insulte le Saint-Siège!
Le saint Père s'éloigne, Avignon le protège.
Quand vient la fête des Rameaux
De notre ville sainte,
Nul pèlerin ne franchit plus l'enceinte,
Et morne, pauvre, en proie à tous les maux,
Rome chancelle, hélas! mal affermie.
On nous ravit tous nos biens à la fois.
Partout le meurtre et l'infamie,
Et vous foulez aux pieds toutes nos lois.
Est-il un temple où le marbre ou l'airain
Ne vous rappelle encor sur le chemin
La cité grande et libre
Où chaque citoyen régnait au bord du Tibre!
Perfides! répondez! reste-t-il un Romain?

LE PEUPLE.

Vive Rienzi! gloire à lui!

LES NOBLES.

Quel dédain!
Que dit-il! quelle audace!

ORSINO.

Imposez-lui silence!

COLONNA.

Laissez-le dire! vains projets!

ORSINO.

Rebelle!

COLONNA.

Ah! viens dans mon palais,
Tu recevras de mes valets
Le digne prix de l'éloquence!

ENSEMBLE.

LES NOBLES.

Ah! pauvre fou! c'est charmant!
C'est quelque grand seigneur, vraiment!
Ses airs de noble paladin
Seront punis par le dédain!

BARONCELLI, CECCO et LE PEUPLE.

Pour nous venger de leur dédain
Il suffirait d'un coup de main.

RIENZI, au peuple.

Amis, du calme, car demain
Le sort peut les trahir soudain!
Arrêtant le peuple qui s'avance.
Restez! la lutte est inutile!

ORSINO, à Colonna.

Allons! cessons un vain débat!
Chacun est prêt! vite au combat!

COLONNA, à Orsino.

Non! pas devant la plèbe vile.
A l'aube, aux portes de la ville.

ORSINO.

J'irai t'attendre au jour naissant!

COLONNA.

Dix contre dix! cent contre cent!

TOUS LES NOBLES.

Aux armes! point de grâce!
Aux armes! tous en face!
Tous nous serons là!

LES ORSINO.

Pour Orsino!

LES COLONNA.

Pour Colonna!

Ils sortent.

RIENZI.

Pour Rome!

Au peuple qui se groupe autour de lui.
Amis, derrière leurs cohortes
Demain se fermeront nos portes!

RAIMONDO.

Rienzi! courbés sous les affronts,
Quand pourrons-nous lever nos fronts!

BARONCELLI.

Rienzi! Rome est dans les fers,
Quels maux n'avons-nous pas soufferts!...

CECCO.

Combien il tarde le signal
De secouer ce joug fatal!

LE PEUPLE.

Rienzi! dis ta volonté!
Parle! tu seras écouté!

RIENZI, prenant Raimondo à part.

Noble prélat, mon plan vous est connu,
Par vous, du moins, serai-je soutenu?

RAIMONDO.

Va droit toujours au but! marche sans crainte.
L'appui du ciel soutient ta cause sainte.

RIENZI, au peuple.

Voici l'instant! le sort en est jeté!
Nos ennemis vont quitter la cité.
Que chacun rentre en paix dans sa demeure.
Tenez-vous prêts, bientôt viendra votre heure.
Quand la trompette aura sonné trois fois,
          Comme un signal d'alarmes,
     N'attendez pas qu'une autre voix
     Vous presse de courir aux armes.
Mais, sans jamais souiller vos mains,
Soyez les fils des vrais Romains.

Qu'il soit béni ce jour cher à nos cœurs
     Qui vengera tant de malheurs!

RAIMONDO.

A l'œuvre sainte du salut,
Au nom du ciel j'apporte mon tribut!

CECCO, BARONCELLI, LE PEUPLE, à Rienzi.

Nous te jurons fidélité,
Mourons pour Rome et notre liberté.

Tous se dispersent avec calme et sortent de différents côtés.

Adriano, Rienzi et Irène restent seuls.

SCÈNE IV

RIENZI, ADRIANO, IRÈNE.

RIENZI, pressant Irène dans ses bras.

Qu'ont-ils donc fait! ma sœur? dis-moi!
Qui donc leva la main sur toi?

IRÈNE, montrant Adriano.

Rendons-lui grâce! De ta sœur
C'est lui qui fut le défenseur.

RIENZI, considérant Adriano qui s'est tenu à l'écart.

D'où vient le zèle qui t'enflamme
Pour la défense d'une femme?

ADRIANO.

J'aurais donné mon sang, mon âme...
Rienzi, ne me connais-tu pas?...
Pourquoi ce doute qui m'étonne?

RIENZI.

Pourquoi ce doute... quand ton bras
Défend la cause de Colonne?...

ADRIANO.

Malheur! ce mot m'a fait frémir!
Dévoile ta pensée entière,
Fais-moi connaître ton désir,
A moi qui ne peux te haïr!
Que rêves-tu? ton bras peut tout ployer.
A quels desseins prétends-tu l'employer?

RIENZI.

Eh bien! je veux que cette terre
Retrouve enfin sa liberté.

1.

Les fronts courbés dans la poussière
Se lèveront avec fierté.

ADRIANO.

Tu veux verser tout notre sang! — Écoute!...
Pourquoi me séparer de toi?
Mon zèle t'est connu sans doute,
Seul j'ai toujours suivi la loi;
Pendant que pour frayer ta route
Tu cherchais d'indignes moyens
Dans la faveur des plébéiens,
Dans la ruine et dans le sang des miens!

RIENZI.

Du sang! dis-tu! du sang! garde-toi d'en parler!
Le sang! moi! je l'ai vu couler!...
Qui donc un jour, sur la voie Appienne,
Frappa mon frère aimé, qui, pour Irène,
Cueillait des fleurs d'une innocente main?
Qui donc se fit un jeu de ce meurtre inhumain?
Qui, lorsque tomba la victime,
A refusé justice à ma douleur?

ADRIANO.

O crime!
C'était un Colonna!...

RIENZI.

Tu t'en souviens!
Qu'avait donc fait à tes patriciens
Cet enfant plein de grâce?
Dis! fils de cette noble race?...
J'ai vu tomber mon frère en gémissant,
Oui, cette main fut teinte de son sang!
Aussi j'ai juré vengeance,
Et ce serment je m'en souviens trop bien!

ADRIANO.

Ton âme est sans clémence!...
Pour t'apaiser ne puis-je rien?

RIENZI.

Sois homme !
Sois digne de Rome.

ADRIANO.

De Rome !... eh bien ! je serai citoyen !...

ENSEMBLE.

RIENZI et IRÈNE.

Son âme noble et fière
Est celle d'un Romain !
C'est Dieu dont la lumière
Lui montre le chemin.
De l'œuvre auguste et sainte
Son bras est le soutien !
Je puis
Tu peux   l'aimer sans crainte,
Son cœur répond au mien !

ADRIANO.

Mon âme noble et fière
Est celle d'un Romain !
C'est Dieu dont la lumière
Me montre le chemin.
De l'œuvre auguste et sainte
Mon bras est le soutien ;
Tu peux m'aimer sans crainte,
Mon cœur répond au tien.

RIENZI, à Adriano.

Je dois partir ! Bientôt l'heure viendra ; mon frère,
     Veille sur celle qui t'est chère.
Déjà ton bras vaillant la protégea,
Je la laisse à tes soins, juge par là
De mon estime et de ma confiance.
     A Irène.
Sœur, au revoir ! pour nous l'heure s'avance !

SCÈNE V

IRÈNE, ADRIANO.

ADRIANO.

Il part! il te confie à moi !
Irène, as-tu la même foi?

IRÈNE.

De ta tendresse je suis fière!
Tout mon espoir repose en toi!

ADRIANO.

Et pourtant je songe à ton frère !
Ne crains-tu pas qu'entre nous deux
La haine élève une barrière?

IRÈNE.

Chassons bien loin ce doute affreux !
Songeais-tu donc à cette haine,
Songeais-tu donc à ta grandeur,
Lorsque ton bras, sauvant Irène,
D'un plébéien vengea la sœur?

ADRIANO.

Faut-il que ta voix me rappelle
    Le sort qui nous attend !
Ton frère... quel grand cœur! Pourtant
Je vois l'avenir menaçant!
Ce peuple lui sera rebelle;
Les nobles frapperont soudain!
Et quel doit être ton destin?
Hélas! j'ose y penser à peine.

Le reste n'est plus rien pour moi,
J'ai mis tout mon espoir en toi !

IRÈNE.

Et si nous triomphons !

ADRIANO.

Irène...
Pour toi je crains les coups du sort.
Mais jusques à la mort,
A toi l'amour m'enchaîne !

ENSEMBLE.

Si le destin sévère
Nous force à nous haïr,
Tous deux quittons la terre,
C'est là mon seul désir.
Loin de ces lieux funestes,
Soyons, et sans retour,
Dans les cités célestes
Unis par notre amour.

Irène et Adriano sont restés dans une muette extase. — Le jour commence. — On entend au loin un appel de trompette.

IRÈNE, comme sortant d'un rêve.

Qu'ai-je entendu ?

ADRIANO.

C'est le réveil !

Le bruit se rapproche.

Triste signal d'alarmes !
Le peuple va courir aux armes.

SCÈNE VI

Un trompette paraît et sonne. — De toutes les rues, de toutes les maisons, le peuple sort joyeux et emplit la place.

CHŒUR.

Salut! ô jour vermeil,
Où Rome sort d'un long sommeil!

Le jour paraît. — L'église s'éclaire des premiers feux de l'aurore. — Aussitôt qu'on entend l'orgue, le silence se fait et la foule s'agenouille. — A l'intérieur de l'église, dont les portes sont fermées, on entend le chœur suivant.

CHŒUR, dans l'église.

Debout! les temps sont révolus,
Le ciel appelle ses élus!

O Rome! sors du noir tombeau,
Sur toi se lève un jour plus beau :
Vois quel soleil resplendissant
Éclaire ce jour triomphant!
La nuit fait place à ta clarté,
Aurore de la liberté!

Le peuple est resté à genoux. — Les portes de l'église s'ouvrent et laissent voir une foule de prêtres et de moines de tous les ordres. — Rienzi paraît accompagné de Raimondo. Il est complètement armé, la tête découverte. — A son aspect, le peuple se relève et l'accueille avec le plus grand enthousiasme.

CHŒUR.

Rienzi! c'est notre sauveur!
De nos affronts le seul vengeur!

Rienzi descend le grand escalier.

RIENZI.

O Rome! Rome! lève-toi!
Renais! sois libre! peuple roi!
Sachez défendre tous nos droits.
Point de sujets et point de maîtres!
Soyez esclaves de nos lois,
Chassez bien loin de vous les traîtres!
Vaillants soldats, serrez vos rangs,
Fermez les portes aux tyrans,
Mais faites place à l'homme libre
De qui le cœur s'émeut et vibre.
Ouvrez un seuil hospitalier
Aux pèlerins du monde entier.
Quiconque observera la loi
Sera l'ami du peuple roi!
Le jurez-vous sur votre foi?
Peuple de Rome! peuple roi?

LE PEUPLE.

Rienzi! noble héros,
Reçois nos serments loyaux!
Pour être un peuple, un peuple roi,
Nous te jurons hommage et foi,
Et Rome, grande à son début,
Redeviendra ce qu'elle fut.
Honte et malheur à qui trahit
Le pacte saint qui nous unit!
Ton peuple écoutera ta voix
Pour être libre et grand comme autrefois!

CECCO.

O peuple! dis! qui t'a sauvé?
Pour toi, qui donc a tout bravé?
Comme autrefois, qui donc t'a fait le maître
De proclamer partout ta loi?
Qui donc enfin t'a fait renaître?
O citoyens! écoutez-moi!...

Montrant Rienzi.

Soyez son peuple et qu'il soit roi!

TOUS.

O Rienzi! gloire à toi! notre roi!

ADRIANO.

Moment fatal! que va-t-il faire?...

RIENZI.

Qu'entends-je!... un roi!... quelle chimère!...
Au lieu d'un roi, que le sénat
Gouverne ce nouvel État.
De ces grandeurs vaines et mensongères
Je ne cherche pas l'éclat.
Nommez-moi donc tribun comme au temps de vos pères.

TOUS.

Rienzi!... gloire!... gloire à toi!...
Gloire au tribun du peuple roi!...
Un peuple sous ta loi renaît,
Rome sera ce qu'elle était!
Sachons reprendre notre rang,
Nous verserons tout notre sang.
Honte et malheur à qui trahit
Le pacte saint qui nous unit!
Il faut combattre et sans effroi
Pour être encore un peuple roi!

Le peuple entoure Rienzi.

ACTE DEUXIÈME

Une grande salle dans le Capitole. — Au fond, un vaste portique auquel on a accès du dehors par un large escalier et du haut duquel on aperçoit de loin les monuments les plus élevés de Rome.

SCÈNE PREMIÈRE

MESSAGERS DE PAIX, RIENZI, SÉNATEURS.

CHŒUR DES MESSAGERS DE PAIX, dans le lointain.

La paix féconde
Sourit au monde;
Partout les fleurs
Exhalent leurs senteurs!
La paix est faite!
Tout est en fête!

Le chant des messagers de paix semble se rapprocher peu à peu. — A la fin; le cortège entre par le grand portique du fond. — Les messagers sont vêtus presque à l'antique, de tuniques de soie blanche; ils ont le front couronné et portent à la main un bâton d'argent.

Écoute! peuple, écoute
Les messagers joyeux.
Ils chantent sur leur route
La paix qui vient des cieux.

Un chaud soleil couronne
Les monts de mille feux;
Chaque vaisseau sillonne
Déjà les ports nombreux.
La paix aux luttes calmes
Nous tend ses vertes palmes.

Rienzi paraît ; il porte un riche costume de tribun. Il est suivi
de Cecco et de Baroncelli qui remplissent l'office de pré-
teurs. — Les sénateurs viennent ensuite.

RIENZI.

Oh ! parle ! parle, messager,
Est-il encor quelque danger ?
En parcourant le sol romain,
As-tu trouvé la paix sur ton chemin ?

UN MESSAGER.

J'ai vu nos champs, nos villes,
J'ai vu nos mers aux vastes ports.
Dans nos cités tranquilles
Abondent de nouveaux trésors !
J'ai vu partout régner la paix ;
Ah ! qu'elle dure à tout jamais !
Le laboureur récolte
Le blé mûri qu'il a semé,
Et contre la révolte
Le château-fort n'est plus armé.

RIENZI.

J'ai mis ma force en toi, Seigneur !
A toi la gloire ! à toi l'honneur !

TOUS.

Rome à toi seul doit son bonheur !
A toi la gloire ! à toi l'honneur !

RIENZI.

Allez, ô messagers de paix !
Que, grâce à vous, de nos succès
Dans Rome entière nul ne doute.

LES MESSAGERS.

Ecoute! peuple, écoute,
Les messagers joyeux.
Ils chantent sur leur route
La paix qui vient des cieux,
        Etc.

Ils s'éloignent par le portique du fond.

SCÈNE II

LES MÊMES, COLONNA, ORSINO, LES NOBLES.

Colonna, Orsino et leurs partisans saluent Rienzi avec une déférence
mêlée de fierté.

COLONNA.

Rienzi! soyons tous amis!

RIENZI.

Rome! non, rien ne manque à ta victoire,
    Tes adversaires se font gloire
De vivre sous la loi comme des fils soumis!

COLONNA.

Tu peux compter sur notre foi!
Je n'aurais cru jamais trouver en toi
Tant de grandeur! Oui, tout en toi m'étonne.

RIENZI.

Ma force, c'est la liberté! la loi!...
    C'est elles dont l'éclat rayonne!
N'oubliez pas que, simples citoyens,
Pour que l'on vous rouvrit les portes de la ville,
Vous vous êtes soumis à notre loi civile
        Comme les moindres plébéiens!
Qu'ils tombent donc ces manoirs, ces repaires

D'où s'élançaient vos lâches mercenaires!
Malheur à vous si dans vos cœurs
Vous conservez encor de coupables erreurs!
Honte et malheur à vous!...
Car je saurai rendre justice à tous,
Moi le tribun!
                        Mais dans ces galeries
La fête attend déjà vos nobles seigneuries!...

Il sort suivi de Cecco, de Baroncelli et des sénateurs.

SCÈNE III

ORSINO, COLONNA, Les Nobles, puis ADRIANO.

COLONNA.

Quel fol orgueil! quels discours insultants!
Sommes-nous faits pour les subir longtemps!

ORSINO.

Ah! quelle rage en moi s'est allumée!
Quoi! nous courber devant cet imposteur!

COLONNA.

Que faire enfin! Il est vainqueur!

ORSINO.

Et cette plèbe, hier encore accoutumée
A se courber sous notre loi,
Comme elle se relève, et soudain transformée,
Devient un peuple!

COLONNA.

                        Un peuple! Quoi!...
Lui seul Rienzi, lui sait dicter la loi;
Qu'il disparaisse, tout s'écroule!

Les nobles entourent Orsino et Colonna. — Adriano entre sans
être vu et se mêle aux groupes.

ORSINO.

C'est donc lui seul qu'il faut frapper.
Mais par quel piège le tromper?

COLONNA.

Il est l'idole de la foule,
Dont il exalte les transports!

ORSINO.

Nous sommes faibles, ils sont forts!
Ils braveront tous nos efforts!

COLONNA.

Eh bien! qu'il tombe sous nos coups
Parmi tout ce peuple de fous!
Rienzi mort, ils sont à nous.

. ORSINO.

Ah! c'est bien dit! rien ne m'arrête,
Et le salut pour nous est là.
Ici, tantôt, pendant la fête
Nous frapperons; il périra.

COLONNA, à voix basse.

J'ai tout prévu. Ma troupe est prête.
A mon signal elle viendra!
J'occuperai le Capitole
Et nous renverserons l'idole!

TOUS.

C'est dit!

ADRIANO, paraissant.

Arrêtez, assassins!
Qu'avez-vous dit! et quels desseins!...

ORSINO.

Colonna! lui! serait-ce un traître?

COLONNA, jetant sur Adriano un regard sévère.

Ah! parle, dis!

Es-tu mon fils?...
Toi qui veux trahir peut-être...

ADRIANO.

Je suis le fils d'un vrai soldat,
Qui sut toujours combattre en face,
Et n'a jamais d'un attentat
Souillé la gloire de sa race!

ORSINO.

Perfide! cœur félon!

COLONNA.

Oui! du tribun c'est la leçon!
Traître! ce jour enfin m'éclaire,
Et tout confirme mon soupçon.

ADRIANO.

Ouvre les yeux au jour, mon père!

COLONNA.

Tais-toi! sur toi le charme opère,
Et le tribun sans doute espère
T'avoir pour instrument! malheur! malheur à lui!...
Qu'il meure donc!

ADRIANO.

O ciel! j'invoque ton appui!

A Colonna.

Renonce à ce honteux complot, je t'en conjure!
Et conserve sans souillure
Ce noble nom qu'un seul jour va ternir.

ORSINO.

Ah! le perfide! Quoi! son père
Hésite encore à le punir!

COLONNA.

Écoute! Là, dans son repaire
Est le tribun, sous notre main.

Va donc! révèle mon dessein,
Dénonce-moi donc, moi, ton père!

ADRIANO.

Qu'entends-je! Dieu! cruel destin!
A Colonna.
Eh! quoi! veux-tu qu'à notre nom sans tache
Le déshonneur s'attache!
Ah! laisse-moi périr d'abord,
A vous la honte! à moi la mort!

ORSINO et LES NOBLES.

C'est dit! le pacte est désormais sacré!
Que le tribun soit massacré!
Non! pas de grâce! à lui la mort!
Non! rien ne peut changer son sort!
Colonna repousse Adriano. — Les autres nobles s'éloignent
et partent en le menaçant.

ADRIANO, seul.

Les trahir! moi! Que dois-je faire?
Je t'aime, Irène! il faut sauver ton frère!
Il s'arrête au moment de partir.
Où vais-je donc? cruel remords! mon père!
Quoi! c'est moi qui le livre! Oh! non! jamais! Seigneur!
Pitié pour ma douleur!
Il sort.

SCÈNE IV

PEUPLE, BOURGEOIS DE ROME.

La foule entre par le fond d'un air joyeux.

CHOEUR.

Qu'un hymne d'allégresse
Monte et remplisse l'air,

Pour célébrer l'ivresse
D'un peuple libre et fier!

SCÈNE V

Les Mêmes, RIENZI, IRÈNE, BARONCELLI, CECCO.

Tout le monde s'incline devant Rienzi.

RIENZI.

Salut à toi! peuple romain!
Ah! quel spectacle! ô jour serein!
Le ciel exauce mes souhaits.
Qu'un tel bonheur dure à jamais!

TOUS.

Que Rome en paix
Vive à jamais!...

Des députations des États Lombards, de Naples, de la Bavière, de la Bohême et de la Hongrie sont introduites dans la salle de fête.

BARONCELLI, *présentant les députations des différentes provinces.*

Les peuples, pour chérir ta loi,
De près, de loin, viennent à toi.

RIENZI.

Qu'au nom de Rome protectrice
Un seul lien nous réunisse!
Car Dieu n'a pas mis les destins
De Rome seule entre mes mains.
Il veut que l'Italie,
Grande par la liberté,
En un faisceau se lie!

TOUS.

Vive à jamais l'Italie!

RIENZI.

Le ciel seconde mes projets.
C'est Dieu, Dieu seul dont les décrets
Vous rendent libres pour jamais!
Reprenez donc le rang suprême;
Dictez vos lois à l'univers;
Oui! Rome brise enfin ses fers
Et ne dépend que d'elle-même.
Romains! qu'ici du temps passé
Le noble éclat soit surpassé!

ORSINO.

Quelle arrogance! l'insensé!

COLONNA.

Lui-même hâte sa défaite!

RIENZI.

Héraut! fais commencer la fête!

ADRIANO, s'approchant de Rienzi sans être vu.

Prends garde! un piège est sous tes pas.

RIENZI, bas à Adriano.

Suis-je trahi?

ADRIANO.

Veille! silence!

RIENZI.

Trahi! par qui?... par eux, je pense...
Va, ne crains rien! je puis braver leurs attentats!

BALLET.

Des comédiens et des danseurs reproduisent devant Rienzi des combats de gladiateurs, puis l'épisode de l'enlèvement des Sabines.

Orsino, à la fin des danses, s'est rapproché peu à peu de Rienzi.
Il tire un poignard et le frappe à la poitrine. Adriano, qui était
loin d'eux, s'élance, sans pouvoir arrêter le coup. Les gardes
de Rienzi accourent et entourent les nobles.

CHOEUR DE PEUPLE.

Rienzi ! sur lui veille le ciel !

RIENZI.

En vain leur rage se déchaîne ;
Le coup semblait pourtant mortel.

A Orsino. Il entr'ouvre son pourpoint et montre une cuirasse sous
ses vêtements.

Regarde ! j'avais su comprendre votre haine !
Traîtres ! vos noirs projets blessent en moi
Rome ! sa liberté ! sa loi !
Notre œuvre sainte et populaire
Devait exciter leur colère.
Ce jour sacré, ce jour béni,
Leurs mains impures l'ont terni !
Allons ! que cesse notre fête,
Et que justice enfin soit faite !

Le peuple se retire en silence. Il ne reste que les sénateurs,
Rienzi, Baroncelli, Cecco et les nobles entourés par les
gardes.

RIENZI, aux sénateurs.

Seigneurs ! que vous pourrais-je apprendre ?
Vous avez vu leurs attentats !

BARONCELLI.

Tribun ! tes ennemis ne se reposent pas !
Leurs partisans, dans l'ombre, ont tenté de surprendre
Le Capitole et nos soldats.

RIENZI.

Rebelles ! nierez-vous ?

COLONNA, avec dédain.

Non, certe !

Prends notre sang! conspire notre perte!
Bientôt viendra le châtiment.

RIENZI, à part, ému.

Grand Dieu! quel noir pressentiment!

Il se remet rapidement.

Selon la loi faites justice!

CECCO.

La loi commande leur supplice.

RIENZI.

Eh bien! que l'arrêt s'accomplisse!

Les nobles, entourés par les sénateurs et par les gardes, sont
conduits dans la salle du fond. On entend sonner la cloche
du Capitole.

RIENZI.

Déjà la hache! l'échafaud!
Déjà du sang, mais il le faut!

SCÈNE VI

RIENZI, ADRIANO, IRÈNE.

ADRIANO.

Ils sont partis! en lui j'espère.

A Rienzi.

Rienzi! grâce pour mon père!

IRÈNE, à Rienzi.

Son père! quel sera son sort?

RIENZI.

L'arrêt est prononcé! la mort!

ADRIANO.

La mort!...

C'est moi qui l'ai trahi! douleur amère!
Sur moi retomberait son sang!

RIENZI.

C'est Rome que ton bras défend.
D'un traître tu n'es plus l'enfant!

ADRIANO.

Quoi! les liens de la nature
Doivent faiblir devant ta loi!
Malheur! tribun! malheur à toi!

RIENZI.

Dieu même frappe le parjure,
Il veut la mort du criminel.
A cette voix tout doit se taire!

ADRIANO.

Infâme! quel arrêt cruel!
Tremble! s'il faut venger mon père,
J'aurai le sang du meurtrier!

RIENZI.

Silence! mieux vaudrait prier!

On entend dans la salle du fond le chant des moines qui pré-
parent les nobles à la mort.

LES MOINES.

Misereat Dominum
Vestrorum peccatorum.

ADRIANO.

Qu'entends-je! Dieu! ce chant me glace!

IRÈNE.

Tu peux parler et faire grâce!

CHOEUR DE PEUPLE, au dehors

La mort aux traîtres! mort! la mort! qu'ils meurent tous!

RIENZI.

La clémence serait un crime.
Le peuple attend une victime!

IRÈNE et ADRIANO, se jetant aux pieds de Rienzi.

Frère !
Grâce ! J'embrasse tes genoux!...
Fais grâce ! prends pitié de nous !

RIENZI.

Vous le voulez ! eh bien! ils seront donc absous !

Sur un signe de Rienzi, Adriano court à la salle du fond. Les
portes s'ouvrent. On voit les nobles dans l'attente de la
mort. Auprès de chacun d'eux est un moine. La foule du
peuple revient par le portique du fond. On amène les nobles sur le devant de la scène.

SCÈNE VII

LES MÊMES, LES NOBLES, LE PEUPLE.

LE PEUPLE.

Point de pardon ! mort à leur vile engeance !
Point de pardon ! nous voulons tous vengeance !

RIENZI, arrêtant la foule.

Écoutez-moi ! la main d'un assassin
M'avait voulu percer le sein !

LE PEUPLE.

Qu'ils meurent tous !

RIENZI.

Non, citoyens! clémence !
Qu'ils soient absous par vous.

CECCO.

Tribun! quelle démence !

LE PEUPLE.

Non, Rienzi! pas de pardon! vengeance !

|2.

RIENZI.

Mais est-ce à moi de faire appel à la clémence?
Eh bien! au nom de vos aïeux,
Si vous m'aimez, priez pour eux!

BARONCELLI.

Non! le peuple a soif de leur sang!

RIENZI.

Le peuple! Dis! qui l'a rendu puissant?
Sa force est l'union! Assez de sang! clémence!
Je le veux! moi! le tribun!...

CECCO, à part.

O démence!

LE PEUPLE.

Quoi! faire grâce et quand du peuple ils ont voulu
Frapper l'élu!...

RIENZI.

Pardon pour eux, pourvu qu'ils jurent tous sans haine
De respecter la loi romaine,

Aux nobles.

Jurez-le donc! Dieu vous entend.

LES NOBLES.

Nous le jurons!...

CECCO, à part.

O vain serment!

RIENZI.

Que la clémence sainte
Enfin pénètre dans vos cœurs.
S'ils ont parlé sans feinte,
Sachons oublier leurs erreurs.
Pourtant si quelque infâme
Ourdit une nouvelle trame,

Qu'il soit maudit et détesté
Sur terre et dans l'éternité !

ENSEMBLE.

RIENZI.

Le peuple apaise son courroux !
Allez ! il vous renvoie absous !

IRÈNE, ADRIANO, LE PEUPLE.

Rienzi ! gloire à toi ! tribun des jours heureux !
Plus grand que les héros qu'admiraient nos aïeux !
Ton nom victorieux, gravé sur nos autels,
Vivra parmi les noms des mânes immortels !

CECCO, BARONCELLI, à part.

Ils jurent vainement respect à notre loi,
Bientôt nous les verrons trahir encor leur foi !

LES NOBLES, à part.

L'outrage veut du sang ! tribun, malheur à toi !
Bientôt devant tes pas je sèmerai l'effroi !

ADRIANO, IRÈNE, RIENZI.

Ah ! grâce ! grâce au nom du ciel !
N'invoquez plus l'arrêt cruel.
Que le pardon fasse à jamais
Dans tous les cœurs régner la paix !

BARONCELLI, CECCO.

Leur faire grâce ! ah ! juste ciel !
Un tel pardon est criminel.
Ils nous détestent à jamais,
Et je redoute leurs projets !

LES NOBLES.

Nous faire grâce ! ô juste ciel !
Honteux pardon ! affront cruel !
Mais rien n'arrête nos projets !
Haine sur eux et pour jamais !

LE PEUPLE.

Règle leur sort! dispose d'eux!
Sois implacable ou généreux!
Mort ou pardon au criminel,
Nous répondrons à ton appel!

————

ACTE TROISIÈME

Une place publique à Rome. — Çà et là des ruines, des débris, des monuments. antiques. — On entend sonner la cloche du Capitole.

————

SCÈNE PREMIÈRE

BOURGEOIS DE ROME, puis CECCO, BARONCELLI, RIENZI.

CHŒUR DES BOURGEOIS.

Quel sort fatal! c'en est donc fait!
C'est la discorde qui renaît!
On nous trahit, et les otages
Au loin déjà se sont enfuis!
    De tant d'outrages
Ils recevront bientôt le prix!
Que d'un seul coup on les immole.
On leur fit grâce, mais en vain!
Bien fou qui croit à leur parole!
Rienzi!... Qu'il vienne donc enfin!...

CECCO, accourant.

Ah! vite!... alerte!... courez tous!
Les nobles s'arment contre nous.
Oui, l'ennemi déjà s'avance.

Que soit maudite la clémence,
Nous la paierons de notre sang!

TOUS.

Viens! ô Rienzi, l'on t'attend!...

RIENZI, paraissant.

Je viens à votre appel, et la fureur
M'anime autant que vous! — Malheur
A ceux qu'épargna ma clémence,
Ils ont trahi ma confiance.
Ah! qu'ils soient à jamais maudits!

TOUS.

Tribun! vois où tu nous conduis!
De la pitié voilà les fruits!...

RIENZI.

Ah! que votre âme se rassure,
Mon cœur a ressenti l'injure.
La loi pour tous sera de fer,
Ce glaive, plus prompt que l'éclair,
Jusqu'au dernier les frappera!
Ils vont venir, la mort est là!...

CECCO.

Quel est ton plan? que veux-tu faire?

RIENZI.

Défendre notre liberté.
Aux traîtres payer leur salaire.

BARONCELLI.

Tu le pouvais naguère!
Et que de sang de moins il eût coûté!
Par notre sang le calme est acheté!...

RIENZI.

Mais toute peine est légitime;
Notre pardon double leur crime.

Quand la justice frappera,
Le monde entier l'approuvera.

TOUS.

Aux armes!... qu'ils périssent tous!
Les traîtres mourront sous nos coups.
Commande! Dis-nous tes projets...
Nous te suivrons, nous sommes prêts

RIENZI.

Debout! Romains! c'est par les armes
Qu'il faut répondre aux assaillants.
Laissez aux femmes les alarmes,
Dieu conduira vos bras vaillants.
Fils de héros que l'on révère,
Faites flotter votre bannière!
Que retentisse au loin le cri de guerre
Santo Spirito cavaliere.

TOUS.

Du peuple libre la bannière
Va s'illustrer par le succès,
Et Rome, grande par la guerre,
Verra bientôt fleurir la paix!

Ils partent

SCÈNE II

ADRIANO.

O Dieu puissant! j'entends leur cri de guerre!
Le peuple court s'armer, ils vont partir!
O terre, entr'ouvre-toi pour m'engloutir!...
Ah! ma douleur est trop amère.
O mort! ajoute une victime aux leurs!
Rienzi! vois ton œuvre! c'est ta haine
Qui cause, hélas! tous nos malheurs!

Dans l'abîme le sort m'entraîne,
Vers quel parti tourner mes pas?
Puis-je immoler ton frère, Irène,
Ou contre un père armer mon bras?

O tendres rêves de ma vie!
Fuyez, mirages inconstants!
Toute espérance m'est ravie,
Mes jours se fanent au printemps!
Pas une étoile, hélas! ne luit
Au sein de la profonde nuit!
L'amour lui-même dans mon cœur
S'éteint, vaincu par la douleur!

On entend sonner la cloche du Capitole.

Où suis-je? ciel! quel est ce bruit?
La cloche!... Dieu! le temps s'enfuit!...
Signal d'alarme! mais que faire?
Près de mon père il faut courir,
Sa haine faiblira, j'espère,
Je dois le vaincre, l'attendrir!
S'il refuse, ah! je veux mourir!
Mais, quand mes pleurs l'auront fléchi,
Tribun, tu céderas aussi!

O Dieu d'amour, répands en moi
Les saintes flammes de la foi!
Esprit céleste, viens! descends!
Soumets leurs cœurs à mes accents!

Il part.

SCÈNE III

PRÊTRES, PEUPLE, puis RIENZI, CECCO,
BARONCELLI, IRÈNE.

Un long cortège s'avance. — Les prêtres d'abord, suivis des bourgeois et des femmes, puis les sénateurs. — Rienzi vient ensuite, armé, à cheval. — Irène est auprès de lui.

RIENZI.

Il brille enfin, ce jour promis
Où vont tomber nos ennemis!
Sur vous veilleront vos ancêtres,
Le glaive frappera les traîtres.
Semez la crainte sur vos pas,
Aux sons de l'hymne des combats.
Santo Spirito cavaliere!

CHŒUR.

HYMNE DE GUERRE.

Peuple! en avant! debout, soldats et prêtres!
Guerre aux tyrans! Honte et malheur aux traîtres!
Dieu les condamne à d'éternels remords.
Point de pitié pour eux vivants ou morts!
Battez, tambours! sonnez au loin, clairons,
 Pour annoncer un jour de gloire.
Glaives fumants, tracez de noirs sillons
 Devant le char de la victoire.
Que retentisse au loin le chant de guerre:
Santo Spirito cavaliere!

SCÈNE IV

LES MÊMES, ADRIANO, accourant.

ADRIANO.

Tribun! attends! n'avance pas!
Consens à vaincre sans combats.

3

RIENZI.

Arrière! j'ai pitié de toi,
Enfant d'un traître hors la loi!

ADRIANO.

Entends, de grâce, ma prière!
Laisse-moi rejoindre mon père!
Je l'ai tenté! seul je voulais
Accomplir soudain mes projets.
Les portes sont, hélas! fermées
Et nul ne sort! — Écoute-moi!
Qu'un mot arrête les armées.
Dans mon audace encor j'ai foi!...

RIENZI.

Qui donc naguère m'engagea
Comme à présent à faire grâce?
Que n'ai-je alors détruit ta race!
Tais-toi!... j'ai trop faibli déjà!

ADRIANO.

Tribun! ah! cède à ma douleur.
Non! plus de sang, plus de terreur!
Soyons unis et pour toujours,
Et comme gage prends mes jours!

RIENZI.

L'heure a sonné! ne tardons pas!
Allons, Romains! suivez mes pas!

ADRIANO.

Rappelle-toi notre amitié!...
Ouvre ton cœur à la pitié!...

RIENZI.

Il n'est au monde aucun pouvoir
Qui puisse encore m'émouvoir!...

ADRIANO.

Barbare! frappe sans effroi!
Toi-même alors immole-moi!...

RIENZI.

Relève-toi! pauvre insensé!
Notre devoir nous est tracé!

ADRIANO.

Que retombe sur toi! tyran! le sang versé!

REPRISE DE L'HYMNE DE GUERRE.

Peuple, en avant! debout, soldats, et prêtres!
Guerre aux tyrans! honte et malheur aux traîtres!
Dieu les condamne à d'éternels remords.
Pas de pardon pour eux, vivants ou morts!

Rienzi part, suivi de la foule.

SCÈNE V

ADRIANO, IRÈNE.

ADRIANO.

Adieu! chère âme! il faut te fuir!
L'honneur l'ordonne! il faut partir!

IRÈNE.

La mort t'attend sur nos remparts,
Hélas! j'expire si tu pars!

ADRIANO.

Laisse-moi! je veux mourir!
Il le faut! je dois te fuir.
Ah! laisse-moi remplir ma tâche!
Mon cœur se trouble en t'écoutant.
Irène! ah! je deviens un lâche
Si je reste encore un instant!

IRÈNE.

Barbare! parmi ceux que j'aime,

En toi j'ai mis mon seul espoir!
Ah! reste encor! c'est Dieu lui-même
Qui te prescrit ce saint devoir!

ADRIANO.

Écoute!... Là!... n'entends-tu pas ces cris?
Ton frère égorge nos amis!...

SCÈNE VI

LES MÊMES, DES FEMMES, DES JEUNES FILLES.

On entend le bruit du combat. — Des femmes, des jeunes filles
arrivent avec anxiété et s'agenouillent.

CHOEUR.

Sainte Madone, Vierge Mère,
Nous te prions à deux genoux!
Toi qui pleuras sur le Calvaire,
Dans nos enfants épargne-nous!
Protège-nous du haut des cieux,
O Vierge sainte! entends nos vœux!

IRÈNE, retenant Adriano.

Arrête, au nom de notre amour!
Veux-tu me perdre sans retour?

ADRIANO.

Le bruit grandit! n'entends-tu pas?
Mon père, en vain, m'attend là-bas!

IRÈNE.

Non! c'est la honte qui t'attend!
Immole Irène en la quittant.

ADRIANO.

Jour plein d'effroi! funeste sort!
O ciel! accorde-moi la mort!

CHOEUR.

Dieu secourable! notre père!...
Nous succombons à tant de coups!
Dieu tout-puissant, en toi j'espère,
Dans ta clémence épargne-nous!

On entend au loin l'hymne de guerre.

Guerre aux tyrans! honte et malheur aux traîtres!
Peuple en avant! debout, soldats et prêtres!

CHOEUR.

Entendez-vous l'hymne de guerre?
Ils sont vainqueurs! Dieu, sois béni!...

IRÈNE.

Ils vont venir!... mon frère!...
Ah! gloire à lui!...

L'hymne de guerre se rapproche.

SCÈNE VII

LES MÊMES, BARONCELLI, CECCO, RIENZI.

RIENZI.

Plus d'oppresseurs aux bords du Tibre,
Nos ennemis sont abattus!
Rome a souffert, mais elle est libre!
Les traîtres ne sont plus!

CHOEUR.

Ah! gloire à toi! triomphateur!
Gloire à notre sauveur!
Que tout s'incline en ta présence,
Et que de fleurs on pare ton chemin!
Rien ne résiste à ta puissance,
Un Dieu vengeur te guide par la main!

BARONCELLI.

Combien de sang! ô luttes meurtrières!
Le deuil s'abaisse parmi nous!
Combien de femmes et de mères
Pleurent leur fils ou leur époux!...

Au milieu de la foule passent des blessés. Adriano reconnaît
Colonna, que l'on transporte sur une civière formée de
lances croisées.

ADRIANO.

Ah! mon père!...

TOUS.

Il n'est plus!

ADRIANO.

Tribun! le ciel m'entend!
Dieu courbera ton front! la mort t'attend!
Tremble, cruel! tu fus inexorable
Quand je t'offrais tout mon sang
Pour gage d'une paix durable!
Le crime est entre nous, tribun!
Le crime nous sera commun!
Ta haine est assouvie,
Mais non la mienne! et moi, j'aurai ta vie!

Il part.

RIENZI.

N'écoutez pas son désespoir d'enfant!
Qu'importent ses clameurs au peuple triomphant?
Rome est libre! — Soudain que tout regret s'envole,
De nos héros qu'on chante les vertus!
La gloire ceint vos fronts d'une auréole.
Plus de Tarquins, là-haut, Brutus
Tous vous attend au Capitole.

CHOEUR.

Tous en triomphe au Capitole!

Victoire au fils des braves !
Rienzi gloire à toi,
Qui brise nos entraves,
Et rends la paix au peuple roi !

ACTE QUATRIÈME

La place devant Saint-Jean-de-Latran. — L'église fait face au public; on y monte par un large escalier.

SCÈNE PREMIÈRE

CECCO, BARONCELLI, Bourgeois.

BARONCELLI.

O jour sanglant! lauriers amers!

CHOEUR.

Un tel succès est un revers!

BARONCELLI.

Amis, la gloire d'un seul homme
Nous coûte bien des larmes!

CHOEUR.

Oui!
A nous le deuil! la gloire à lui!

CECCO, arrivant.

C'est vous, amis! quels maux vont fondre encor sur Rome!

BARONCELLI.

C'est Cecco! que sais-tu? ton front pâlit d'effroi!

CECCO.

Partout la crainte et la tristesse
En Rienzi l'on n'a plus foi,
Et l'Allemagne le délaisse
Comme un vain fantôme de roi!...

BARONCELLI.

Tout nous échappe!
L'Allemagne aujourd'hui se ligue avec le pape!

CHOEUR.

Tout nous échappe! ô jour fatal!

CECCO.

Bien plus, déjà le cardinal
S'est éloigné du Quirinal!

CHOEUR.

Qu'entends-je! Quoi! le cardinal!

CECCO.

Colonna, quand il s'est enfui,
A fait, dit-on, un pacte avec l'Église,
Et du Saint-Père c'est l'appui
Qui secondait son entreprise.

TOUS.

Qu'a dit alors le pape de sa mort?

CECCO.

Chacun l'ignore!
Mais un complot, ici se trame encore!

TOUS.

Quel doit donc être notre sort?

BARONCELLI.

De Rienzi, je pense,
J'ai su comprendre la clémence,
Oui, sa pitié n'était que trahison !

3.

CHOEUR.

Un tel soupçon !...
Mais quelle preuve ?...

BARONCELLI.

Un mot répond à vos défis.
De Colonna sa sœur aime le fils.
Oui, du tribun la perfide indulgence
Était le prix d'une illustre alliance.

CHOEUR.

Quoi ! pour servir de tels complots
Le sang du peuple coule à flots !...
Le traître ! le traître !
Mais de son crime, au moins,
As-tu des preuves, des témoins ?
Fais-les connaître !

SCÈNE II

LES MÊMES, ADRIANO.

ADRIANO, couvert d'un manteau ; il s'est glissé au milieu des
groupes.

Moi, je l'atteste ! il a dit vrai !...

TOUS.

Qui donc es-tu ?

ADRIANO, se découvrant.

Le fils de Colonna !...
A lui-même.
Mon père ! ombre sanglante !
Il semble qu'il m'ait entendu !
Regardant fixement devant lui.
Ah ! ce fantôme m'épouvante !

De moi détourne ton regard!
Je vais répondre à ton attente,
Et je te venge sans retard!

Haut.

Oui, citoyens! c'est moi
Le fils de Colonna! — Je dois parler! Eh quoi!...
De ce tribun qui donc voudrait subir la loi?
Rienzi contre nous soulève
La sainte Église et l'empereur!

TOUS.

Ah! que son règne enfin s'achève,
Il nous immole au soin de sa grandeur!
Sa trahison éclate aux yeux de tous!
Ah! vengeons-nous!

ADRIANO.

Je porterai les premiers coups!

TOUS.

Vengeance et mort au traître! Ici compte sur nous!

CECCO.

Déjà l'aurore nous éclaire!
Dis! en plein jour, eh quoi! frapperons-nous?

BARONCELLI.

C'est par des fêtes qu'il espère
Étouffer les plaintes de tous!
Le *Te Deum* s'apprête
Pour rendre grâce au ciel...

CECCO.

D'avoir su nous tromper!

ADRIANO.

Eh bien! frappons pendant la fête.

CHOEUR.

Aux yeux de tous il faut frapper!

Raimondo, suivi de prêtres et de moines, traverse le théâtre
et entre dans l'église.

BARONCELLI.

Ah! regardez!

TOUS.

Le cardinal!...

CECCO.

Eh! quoi! que vient-il faire?

BARONCELLI.

Le *Te Deum* sera chanté par lui!

CHOEUR.

L'Église est pour Rienzi,
Notre entreprise est vaine,
Le ciel lui prête son appui!

ADRIANO.

Eh! quoi! déjà se calme et faiblit votre haine?
Moi seul, fût-ce devant l'autel,
J'irai frapper le coup mortel!

CECCO, apercevant Rienzi qui vient.

C'est lui qui vient chercher la mort!
Que Dieu décide de son sort!

SCÈNE III

LES MÊMES, RIENZI, IRÈNE, PEUPLE, etc.

Rienzi, accompagné d'Irène et suivi d'un brillant cortège, se dirige vers l'église. Il s'arrête en apercevant les conjurés, qui, réunis sur les marches de l'église, semblent lui disputer le passage.

RIENZI.

Mais quels fronts tristes! Au cortège
Pourquoi ne vous mêlez-vous pas?

ADRIANO, caché au milieu des conjurés.

O ciel! Irène le protège.
C'est son bon ange! que ferai-je?

RIENZI.

Quoi! pleurez-vous sur le trépas
De nos amis morts aux combats?
Leur noble sang est la rosée
Qui tombe sur un sol ardent,
Et Rome sort fertilisée
De ce baptême fécondant.
Que de héros, parmi nos pères,
Sont morts dans de stériles guerres.
Mais vous, heureux dans vos efforts,
Vous êtes libres, grands et forts.
Victorieux, ne me laissez pas croire
Que vous puissiez maudire un jour de gloire.
Que la tristesse s'efface,
Et près de moi prenez place.
Dieu qui protège ma race,
Dieu qui peut lire dans mon cœur
Conduira mon bras vainqueur.

TOUS, s'inclinant devant Rienzi.

Vive le tribun!...

ADRIANO, à part.

Vils esclaves!
Suis-je donc seul pour briser vos entraves?

On entend un chant de moines dans l'église.

« *Væ! væ tibi! maledicto!*
» *Jam te justus ense stricto*
» *Vindex manet Angelus!* »

RIENZI.

Qu'entends-je! ô ciel! ils me maudissent!

TOUS.

Quels chants lugubres retentissent!

CHŒUR DANS L'ÉGLISE.

« *Væ! spem nullam maledictus*
» *Foveat! Gehennæ rictus*
» *Jamjam hiscit flammeus!* »

Les portes de l'église s'ouvrent. On voit Raimondo entouré
de prêtres et de moines.

RAIMONDO, à Rienzi

Va-t'en loin du saint lieu! c'est Dieu qui t'a proscrit.
Chrétiens, au nom du ciel, fuyez loin du maudit!

CHŒUR.

Ah! fuyons! il est maudit!

La foule se disperse avec terreur.

CHŒUR DES PRÊTRES.

« *Væ, væ tibi! maledicto!*
» *Jam te justus, ense stricto,*
» *Vindex manet Angelus!* »

Les portes de l'église se referment avec fracas. On voit la bulle
d'excommunication fixée sur l'une des portes.

ADRIANO.

Irène! viens! quittons ces lieux!
Fuyons! crois-moi! fuyons ensemble!

IRÈNE, comme sortant d'un songe.

C'est toi! qu'entends-je? justes dieux!
Autour de nous la terre tremble!

ADRIANO.

N'hésite pas! viens à l'instant...
Suis-moi! suis-moi!... moi qui t'aime...

IRÈNE.

Mon frère... dis! quel sort t'attend?

ADRIANO.

Il est maudit! C'est Dieu lui-même
Qui frappe et lance l'anathème!...

IRÈNE.

Mon frère ! Ah ! va-t'en, téméraire !...

Elle se jette dans les bras de Rienzi.

Mon frère ! Rienzi ! Mon frère !

ADRIANO.

Ah ! plus d'espoir ! perdue aussi !...

RIENZI, embrassant Irène.

Irène ! toi ! ma sœur !... Ah ! Rome est tout ici !

On entend dans l'église le chant des prêtres.

« *Væ ! væ ! tibi ! maledicto !*
» *Jam te justus, ense stricto,*
» *Vindex manet Angelus.* »

ACTE CINQUIÈME

Une salle dans le Capitole.

————

SCÈNE PREMIÈRE

RIENZI, seul.

Dieu tutélaire, Dieu puissant,
Tourne tes yeux vers cette terre.
Mon cœur chancelle, ô Dieu vivant,
Comme un roseau qui tremble au vent.
Dieu de lumière,
En ton appui j'ai foi,
Car tout pouvoir terrestre vient de toi.
Tu m'as placé comme un pilote
Devant l'écueil fatal et redouté,
Toi qui rendis au peuple ilote
Ses droits, son rang, sa majesté!

Seigneur! aurais-tu mis en vain
A l'œuvre humaine un sceau divin.
Viens dissiper la nuit profonde
Qui règne encor sur la cité;
Surgis, soleil, et sur le monde
Fais resplendir la liberté.

Dieu de justice, Dieu puissant,

Sois mon appui sur cette terre,
Dieu tutélaire! Dieu vivant,
Tourne vers moi tes yeux de père.
O Dieu sauveur!
De grâce, exauce-moi, Seigneur!

SCÈNE II

RIENZI, IRÈNE.

RIENZI.

L'Église m'a trahi!
Après m'avoir promis son aide!...
Le peuple m'a trahi.
Lui qui me doit la force qu'il possède!
Des amis les plus chers abandonné, haï,
Dieu seul soutient ma foi meurtrie.
Dieu seul! et toi! ma sœur chérie.

ENSEMBLE.

Puisque dans cette étreinte
Se calment nos douleurs,
Que Rome presque éteinte
Revive dans nos cœurs.
C'est toi qui nous appelles,
O Rome! à te servir!
Nous te serons fidèles
Jusqu'au dernier soupir!

RIENZI.

Adieu! je veux parler à ces rebelles;
Je veux, par un suprême effort,
Sauver ce peuple de la mort.

Il sort.

SCÈNE III

IRÈNE, ADRIANO.

Au moment où Irène va sortir, Adriano paraît dans le plus grand
trouble, une épée ensanglantée à la main.

ADRIANO.

Que vois-je! Irène? Quoi! sans crainte
Tu restes dans ce lieu maudit!

IRÈNE.

O jour d'effroi! qui t'a conduit
Dans cette maison pure et sainte.
Va-t'en!

ADRIANO.

   Ah! qu'as-tu dit? tais-toi!
Viens! le trouble remplit la ville.
Fuyons tous deux! Ah! viens! suis-moi!

IRÈNE.

Non! non! je reste en cet asile,
Dernier refuge de l'honneur!
Tu n'es qu'un traître! une âme vile!
Va! l'amour est mort dans mon cœur!

ADRIANO.

Contre l'ardeur qui me dévore,
Dans ma douleur j'ai trop lutté!
Irène! Irène! je t'implore,
Tu m'as juré fidélité!
De toi je n'ai jamais douté!
Moi, mon serment était sincère.
J'ai dit que je serais à toi jusqu'au trépas!
Que tout lien, par moi, serait brisé sur terre,

Songe à tenir notre serment.
La mort est proche! c'est l'instant.
Ton frère... il est maudit de Dieu,
Maudit de tous, et dans tout lieu!
Le peuple sait sa perfidie;
Le Capitole est assiégé
Et par le meurtre et l'incendie,
Mon père, enfin, sera vengé!
Bientôt ton frère va périr;
Ce fer est prêt pour le punir!
La mort est là! sa voix m'appelle;
L'heure fatale va venir!
A mes serments je suis fidèle,
Tiens tes promesses à ton tour;
A toi ma vie et mon amour!

IRÈNE.

Perfide! va, l'enfer est dans ton cœur!
Ta présence me fait horreur!
Moi, moi te suivre! Ah! ne l'espère pas!
Ou froide et morte tu m'auras!

On entend un grand tumulte. La lueur des flammes éclaire
les vitraux que des pierres viennent briser.

ADRIANO.

Ils viennent! Dieu! vois cette flamme!
Irène! grâce! viens! chère âme!

IRÈNE.

Traître! mon cœur n'a pas d'effroi!
Dieu me voit! Va! fuis loin de moi!

ADRIANO.

Ah! si tu meurs, Irène...
Je meurs aussi! Partons! viens! qu'au loin je t'entraîne.

IRÈNE.

Va-t'en! va! je te hais, et libre je mourrai.

Elle le repousse et part.

ADRIANO.

Il reste anéanti. Au bout d'un moment il revient à lui.
Ah! c'en est fait! jusqu'à la mort je te suivrai!

Il part.

DEUXIÈME TABLEAU

La grande place devant le Capitole. Au fond, la façade et le grand
escalier.

SCÈNE PREMIÈRE

PEUPLE, puis RIENZI.

Le peuple révolté court de toutes parts avec des armes, des torches,
pour attaquer le Capitole.

CHOEUR.

Venez! venez! venez! accourez tous!
Il faut qu'il tombe sous nos coups!
Accomplissons l'arrêt de Dieu
Et par le fer et par le feu!
Il est frappé de l'interdit,
Non! pas de grâce! il est maudit!
La foudre gronde au Vatican.
Mort au tyran!...

RIENZI, paraissant sur la terrasse.

Peuple, c'est moi! tu dois m'entendre! je le veux!

TOUS.

N'écoutez pas!

RIENZI.

Ouvrez les yeux!
Indignes fils de nos aïeux!

TOUS.

Mort! mort à lui!

RIENZI.

Romains! qui demandez ma mort,
J'ai fait de vous un peuple fort.
Et vous, ingrats, vous oubliez
Quel pacte saint nous a liés.
O foi romaine! vaine foi!
Que foule aux pieds le peuple roi!

TOUS.

N'écoutez pas!
Armez vos bras!
Que par le fer et par le feu
Soit accompli l'arrêt de Dieu!

RIENZI.

O peuple! quelle aveugle rage!
Qu'ici le dernier des Romains
    Périsse par tes mains!
    Achève ton ouvrage,
Que s'accomplissent tes destins!

SCÈNE II

LES MÊMES, IRÈNE, ADRIANO, puis LES NOBLES.

Irène accourt auprès de Rienzi. Les flammes gagnent le Capitole.

ADRIANO, arrivant.

Irène! Dieu! grâce pour elle!

CHOEUR.

Allons!
La mort! mort aux tyrans! marchons.

Adriano s'élance auprès d'Irène. La colonnade s'écroule. Les
nobles paraissent et contiennent le peuple.

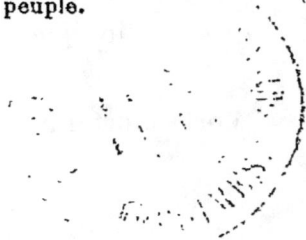

FIN

Imprimerie générale de Châtillon-sur-Seine. — J. Robert.

www.ingramcontent.com/pod-product-compliance
Lightning Source LLC
LaVergne TN
LVHW022141080426
835511LV00007B/1202